CONSULTATION HYGIÉNIQUE

A PROPOS

DE LA CONSTRUCTION ET DE L'AMEUBLEMENT

D'UNE ÉCOLE PRIMAIRE A LILLE,

PAR

LE DOCTEUR L. WINTREBERT,

Professeur d'hygiène à la Faculté libre de Médecine de Lille,
Médecin du Dispensaire Saint-Raphaël (maladies des enfants),
Licencié ès-sciences physiques,
Membre du Conseil central d'hygiène et de salubrité du département du Nord,
Lauréat de l'Académie de Médecine, etc.

PARIS,
LIBRAIRIE J.-B. BAILLIERE ET FILS,
19, RUE HAUTEFEUILLE, 19
(près du boulevard Saint-Germain)

1880.

PUBLICATIONS DU MÊME AUTEUR :

Electricité médicale : Des courants continus et de leur action sur l'organisme. — Paris, Delahaye, 1866.

Pile électro-médicale : Disposition nouvelle. — Bulletin de la Société de Médecine du Nord, juillet 1870.

De la mortalité des enfants du premier âge dans la ville de Lille, de ses causes et des moyens d'y remédier. — Lille, L. Danel, 1879.

Ce mémoire a été honoré d'une médaille par l'Académie de Médecine de Paris en 1879.

Contribution à l'étude de la stérilité chez la femme. — Paris, J.-B. Baillière, 1880.

Rapports divers. — Conseil central d'hygiène et de salubrité du département du Nord.

Sur la proposition du Comité consultatif d'hygiène publique de France, l'auteur a reçu une médaille d'argent pour l'un de ces rapports.

Observations et Notes. — Bulletin de la Société de Médecine du Nord, Journal des Sciences médicales de Lille.

CONSULTATION HYGIÉNIQUE

A PROPOS

DE LA CONSTRUCTION ET DE L'AMEUBLEMENT

D'UNE ÉCOLE PRIMAIRE A LILLE,

PAR

LE DOCTEUR L. WINTREBERT,

Professeur d'hygiène à la Faculté libre de Médecine de Lille,
Médecin du Dispensaire Saint-Raphaël (maladies des enfants),
Licencié ès-sciences physiques,
Membre du Conseil central d'hygiène et de salubrité du département du Nord,
Lauréat de l'Académie de Médecine, etc.

PARIS,
LIBRAIRIE J.-B. BAILLIERE ET FILS,
19, RUE HAUTEFEUILLE, 19
(près du boulevard Saint-Germain).
1880.

CONSULTATION HYGIÉNIQUE

A PROPOS

DE LA CONSTRUCTION ET DE L'AMEUBLEMENT

D'UNE ÉCOLE PRIMAIRE A LILLE.

Le terrain désigné est représenté par le plan ABCD (page 5). Il est entouré au nord ainsi qu'à l'est et à l'ouest, de murs peu élevés qui le séparent de cours et de jardins.

A l'ouest se trouvent quelques habitations distantes de plusieurs mètres du mur de clôture.

Au sud s'élèveront sous peu de nouvelles constructions; actuellement il n'en existe aucune.

De ce côté, le terrain se trouve aussi en rapport avec une longue bande de terrain ABFG, qui servira d'avenue et mettra l'école en communication avec la rue la plus voisine (rue de Lannoy).

Les promoteurs de l'œuvre donnent comme conditions à remplir :

1° Que l'école à construire et à meubler soit composée de quatre classes pouvant contenir chacune 50 élèves.

2° Que les sommes affectées à cet établissement ne dépassent pas sensiblement les prix ordinaires.

A part ces conditions, ils s'engagent d'avance à suivre toutes les indications hygiéniques qui leur seront données comme nécessaires pour sauvegarder la santé des élèves auxquels ils destinent cette école.

Pour déterminer d'une manière précise ces indications, nous examinerons successivement *l'emplacement choisi*, la *construction projetée* et *l'ameublement de l'école*.

§ 1ᵉʳ. — EMPLACEMENT.

Sa valeur dépend des *rapports de voisinage*, de *l'état du sol* et de *l'orientation* d'où résulte la *position des bâtiments*.

Rapports de voisinage. — Pour être établie d'une manière convenable, une école doit être protégée contre les bruits du dehors, d'un abord facile, et se trouver en rapport avec une rue peu fréquentée, afin que les enfants ne soient pas exposés à trop d'accidents au moment de leur sortie de classe.

Le plan ci-joint montre que le terrain ABCD remplit toutes ces conditions : en effet sa distance de la rue la plus voisine (41 m.) mettra les enfants suffisamment à l'abri des bruits de toute nature qui peuvent s'y faire entendre ; l'avenue AEFG leur fournira un dégagement facile, et la rue de Lannoy, à laquelle elle aboutit, n'offre pas une circulation bien grande ; nous n'avons donc qu'à approuver le choix de l'emplacement.

L'état du sol. — Quant à l'*état du sol*, il laisse beaucoup à désirer. En effet, on trouve à sa surface une couche de terre végétale de 0,50 à 0,60 centimètres d'épaisseur supportée par une couche d'argile de plusieurs mètres de profondeur.

Ce terrain se trouvant au même niveau que les terres voisines, les eaux pluviales n'y ont pas d'écoulement ; elles y séjournent et rendent le sol humide. Il sera donc nécessaire, avant d'y établir des constructions, de procéder à son assèchement. En effet, l'humidité est une des causes les plus puissantes d'insalubrité. Une

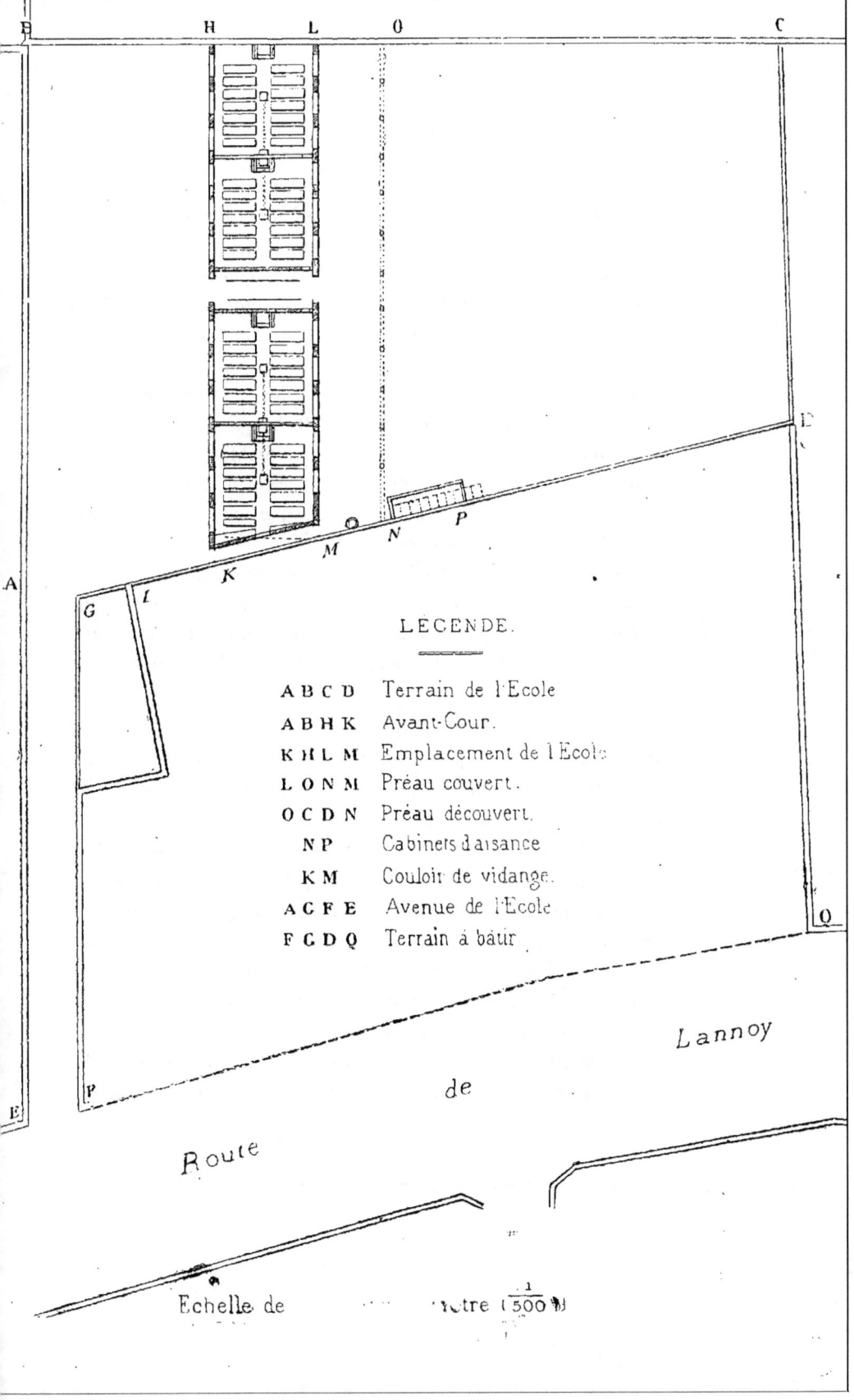

école bâtie sur un terrain naturellement humide voit vite ses murs s'imbiber d'eau et se salpêtrer, dès lors l'atmosphère des classes, saturée de vapeur d'eau, ne peut exercer qu'une action funeste sur la santé des enfants en favorisant la propagation et l'absorption des miasmes de toute espèce, qui ne manquent pas de se développer là où un grand nombre d'individus habitent sous le même toit.

Un médecin distingué, le Dr Riant, qui a étudié d'une manière toute spéciale l'hygiène des écoles, attribue à l'humidité et au froid qui en résulte une influence considérable sur le développement des maladies. « Si, dit-il, l'emplacement de l'école la rend humide et froide, les enfants y seront plus particulièrement exposés aux affections rhumatismales, aux inflammations aiguës ou chroniques des yeux (ophthalmies purulentes), des voies respiratoires (angines, laryngites, croup, bronchites, pneumonies, pleurésie), à l'appauvrissement du sang, à l'anémie, enfin, si la cause agit assez longtemps et sur un sujet prédisposé, à la scrofule et à la phtisie ([1]) ».

On peut ajouter que les cours de récréation ne peuvent servir utilement aux jeux des élèves qu'autant que la pluie n'y détrempe pas habituellement le sol ; il faut donc qu'elle soit rapidement absorbée.

On obtiendrait facilement ce résultat en drainant le sol dans toute son étendue, mais il faudrait pour cela que les eaux de drainage pussent avoir un écoulement facile. La présence d'un aqueduc dans la rue de Lannoy semble au premier abord assurer cette condition, mais en calculant la hauteur relative de ces différents points, on trouve que pour qu'il y eût une pente suffisante, les drains devraient être placés au niveau du sol.

Le relèvement de ce niveau paraît donc tout-à-fait indispensable. En employant à cet usage des matériaux de démolition et des

---

(1) Riant. *Hygiène scolaire*, 4e édit., p. 9 (Paris, Hachette, 1880)

scories, sur une épaisseur de 0,60 à 0,70 centimètres, en établissant des pentes convenables, on pourra assurer l'écoulement des eaux vers un aqueduc qui sera établi le long de l'avenue AEFG et qui sera prolongé en AD jusqu'au delà du bâtiment de l'école ; le drainage deviendra dès lors inutile.

Orientation. — Une opinion sur laquelle tout le monde est d'accord, c'est que dans les classes la lumière doit provenir principalement de gauche.

En effet, si la lumière vient de droite, la main porte ombre sur l'écriture et l'élève ne voit que difficilement les caractères qu'il vient de tracer.

Si la lumière vient de haut et en arrière, ces caractères sont cachés par l'ombre de la tête.

De haut et en avant, la lumière se réfléchit sur le papier et vient troubler la vue.

La lumière venant de gauche ne présente aucun de ces inconvénients ; elle est donc la plus favorable à la vision. S'en-suit-il que les classes doivent être éclairées uniquement par la gauche des élèves et qu'il faille supprimer toute lumière qui vient d'un autre côté, en un mot que l'*éclairage doive être unilatéral* en même temps que de gauche? Certains hygiénistes le prétendent et même quelques uns d'entre eux, trouvant qu'il n'est possible d'avoir un jour constant qu'à la condition de prendre jour sur le nord, posent comme règle la nécessité de placer vers le nord les baies uniques d'éclairage ; si les fenêtres sont suffisamment hautes et larges, si leurs dimensions sont en rapport avec la profondeur des classes, « la lumière sera abondante et claire, ne formera jamais d'éclat et ne troublera jamais le travail par des rejaillissements incohérents de rayons blancs s'entrecroisant en tous sens autour des enfants » [1].

---

(1) E. Trélat. Société de médecine publique, séance du 25 juin 1879.

Cette opinion soulève bien des oppositions; on lui objecte :

1° Que toute action directe des rayons solaires étant éliminée d'un commun accord, et l'éclairage étant supposé produit par la lumière diffuse, la partie septentrionale loin de présenter des avantages, aura au contraire l'inconvénient de donner moins de lumière que les autres parties du ciel ;

2° Que les salles ainsi orientées sont tristes d'aspect, la lumière du nord étant blafarde et peu agréable ;

3° Que de cette manière l'une des façades de l'école ne reçoit jamais de rayons solaires, ce qui au point de vue de l'humidité peut présenter de graves inconvénients ;

4° Que l'éclairage unilatéral en devenant insuffisant peut contribuer à développer la myopie puisqu'il oblige l'élève à se rapprocher trop de ses livres et de ses cahiers ;

5° Que la lumière étant nécessaire à la vie, en ne l'admettant dans une classe que d'un seul côté et surtout du côté du nord, il est à craindre que l'on ne favorise l'étiolement des enfants et par suite le développement de la scrofule.

Ces objections sont loin d'être sans valeur, surtout à Lille où le soleil se montre si rarement, qu'en 1878, par exemple, « pendant 4 jours seulement dans l'année, le ciel a été complètement serein durant 24 heures, 215 jours demi-couvert, 146 jours couvert » (1).

D'ailleurs comme il existe à Lille une école communale, l'école de la rue St-Sébastien, qui ne reçoit de lumière que du côté du nord, il nous est facile de nous rendre compte de la valeur de cet éclairage dans notre contrée. Or, de l'aveu de tous, il est tout-à-fait insuffisant ; dès 3 heures après midi en hiver, les élèves de cette école ne peuvent guère étudier sans le secours de la lumière artificielle et très souvent le matin à neuf heures ce

---

(1) Meurein. *Observations météorologiques*.

n'est qu'à grand peine qu'ils peuvent lire ou écrire. Cette classe, qui n'a que 5 mètres de profondeur et dont les fenêtres ont 3 m. 50 environ d'élévation, satisfait cependant à peu près aux conditions que réclament les partisans de l'éclairage unilatéral.

L'*éclairage bilatéral ordinaire* a certainement des inconvénients, et ce n'est pas sans raison qu'on lui reproche d'être fatigant pour les yeux des élèves. « Sollicité par deux jours qui s'entrecroisent, luttant pour échapper à ces deux ombres qui se rencontrent, ayant suivant les heures à fuir d'un côté une lumière trop vive ou à rechercher de l'autre un jour qui faiblit, l'œil éprouve de ce travail une fatigue constante, une tension qui déforme l'organe, qui paralyse les muscles et réduit à l'impuissance l'admirable appareil d'accommodation dont il est doué pour la vision des objets les plus rapprochés [1].

L'éclairage bilatéral ordinaire serait donc l'une des principales causes du développement fréquent de la myopie chez les écoliers, et aussi l'une des raisons qui sollicitent l'élève à prendre des attitudes vicieuses d'où peuvent résulter des déviations. Sans doute, si l'on pouvait parvenir à faire arriver habituellement dans tous les points de la classe autant de jour d'un côté que de l'autre, l'éclairage bilatéral, ne donnant pas alors plus d'ombre que l'éclairage en plein air, pourrait être accepté et même conseillé; mais cette condition n'étant pas réalisable, ce mode d'éclairage doit être considéré comme mauvais.

L'*éclairage bilatéral différentiel*, c'est-à-dire celui où la lumière prédominante vient toujours du même côté, ne présente pas les mêmes inconvénients. En effet, il réduit au minimum l'entrecroisement des rayons et, par suite, atténue singulièrement la fatigue qui peut en résulter pour les yeux, ainsi que les dispositions aux attitudes vicieuses.

Ses baies opposées à surfaces vitrées admettent toujours l'air et la lumière, conditions essentielles de salubrité.

---

[1]. Riant. *Hygiène scolaire*, p. 264.

Dès lors, il nous paraît sage d'adopter l'éclairage bilatéral comme le plus favorable dans nos contrées du Nord à l'hygiène de la vue comme à l'hygiène générale. Cela posé, l'orientation qui nous paraît s'accorder le mieux avec une bonne répartition de la lumière, est celle du nord au sud, par rapport à la longueur du bâtiment, l'une de ses faces étant tournée à l'est et l'autre à l'ouest.

Nous verrons plus loin comment, en adoptant cette orientation, nous pourrons arriver à atténuer suffisamment le jour d'un côté pour obtenir l'éclairage bilatéral différentiel.

Position. — La lumière diffuse de l'atmosphère étant celle sur laquelle nous comptons uniquement pour éclairer nos classes, pour qu'elle puisse pénétrer en quantité suffisante à travers les baies d'éclairage, il faut que l'école soit assez éloignée de toute construction d'une certaine hauteur. « On doit toujours, dit Javal [1], réserver, de part et d'autre de l'axe de l'école, un espace libre d'une largeur au moins égale au double de la hauteur des plus grandes constructions en usage dans la contrée. » Or, le côté ouest du terrain désigné présente quelques habitations à étages, il sera donc nécessaire d'éloigner de ces habitations les bâtiments de l'école. Une distance de 15 m. nous paraît suffisante pour faire disparaître tout inconvénient quant à l'éclairage, sans diminuer trop l'étendue de la cour principale.

L'espèce d'avant-cour qui résultera de cette disposition nous paraît d'ailleurs utile à un autre point de vue. En effet, on pourra y établir un jardin destiné non seulement à produire des légumes, mais contenant surtout de véritables petites collections de plantes usuelles, de céréales, de fleurs, d'arbres fruitiers de toute espèce, d'arbres de forêts, etc., destinées à servir de base aux leçons d'agriculture, d'horticulture ou d'arboriculture que les maîtres pourraient vouloir donner à leurs élèves.

---

(1) Société de médecine publique. Séance du 23 juillet 1879.

Grâce à ce jardin, l'école se présentera d'ailleurs sous un aspect plus riant, plus agréable, ce qui n'est jamais un défaut.

§ 2. — Construction.

D'après ce qui précède, les bâtiments de l'école devront être orientés du nord au sud, et se trouver à 15 m. de la limite ouest du terrain indiqué plus haut, il restera dès lors environ 50 m. de profondeur pour l'école et les divers préaux ; la profondeur totale de ce terrain étant de 65 m.

La construction doit maintenant nous occuper. Nous aurons à déterminer successivement :

La distribution des classes et les dimensions qu'il est utile de leur donner ;

La constitution du parquet ;

La forme et les dimensions des diverses ouvertures destinées à l'éclairage et à l'aération ;

Le mode d'éclairage artificiel ;

Le mode de chauffage qui, d'ailleurs, se rattache intimement au mode de ventilation ;

La position du préau couvert et l'étendue qu'il convient de lui donner ;

La situation et la forme des cabinets d'aisance.

Distribution. — Comment devront être réparties les quatre classes qui composeront l'école ? faut-il leur ménager à chacune une entrée particulière ou leur donner une entrée commune ?

Le premier moyen présente quelques inconvénients. En effet, l'ouverture d'une porte de classe directement au dehors amène nécessairement des courants d'air froid qui, s'ils se répètent fréquemment, peuvent nuire aux élèves les plus rapprochés. Un autre inconvénient qui a bien son importance, c'est que ce mode de distribution se combine mal avec l'existence d'un vestiaire commun à toutes les classes. Au contraire, en établissant au milieu du bâtiment un vestibule qui servira d'entrée commune, il sera possible de disposer dans cette partie centrale un vestiaire et même quelques lavabos à l'usage des élèves. Les portes des classes s'ouvriront sur ce vestibule et, dès lors, ne recevront pas directement l'air du dehors. Cependant, comme il peut être utile, au point de vue du bon ordre et de la discipline, de faire sortir les élèves des classes extrêmes sans les obliger à traverser celles qui touchent au vestibule, et qu'au point de vue de l'aération il y a avantage à multiplier les ouvertures, outre les portes du fond, on établira au centre de la façade ouest de chaque classe, une autre porte qui s'ouvrira sur le préau couvert dont nous parlerons plus loin, mais on aura soin de munir chacune de ces portes d'un tambour mobile qui pourra être supprimé pendant l'été.

Dimensions à donner à chacune des parties du bâtiment. — D'après une circulaire ministérielle du 30 juillet 1858, une classe doit présenter, par élève, une superficie de 1 m. carré et une hauteur de 4 m. La Commission centrale des comités de salubrité de l'agglomération bruxelloise a adopté, en 1879, une surface de 1 m. 50 par élève et un cube de 6 m. 750. Ces derniers chiffres sont certainement plus acceptables que les premiers. Si nous les prenions comme mesure, il nous faudrait accorder à chaque classe une surface de 75 m. carrés et une hauteur de 4 m. 50. Or, la longueur du bâtiment étant limitée par celle du terrain dans la direction nord-sud, si nous voulons réserver au milieu du bâtiment un vestibule convenable, nous ne pouvons donner à chaque classe plus de 9 m., y compris les murs. Avec une largeur de 8 m., nous obtiendrons 72 m. environ de surface, ce qui est bien près des 75 cités plus haut. Pour que les baies d'éclairage laissent pénétrer une lumière suffisante, il nous paraît nécessaire d'élever le plafond à une hauteur d'au moins 5 m. au-dessus du parquet, ce qui donne pour chaque élève un cube de plus de 7 m., c'est-à-dire supérieur à celui qui paraît nécessaire au Comité bruxellois.

Cela posé, établissons le plan de notre école. Sa longueur limitée par celle du terrain étant de 40 m. et chaque classe ayant 9 m. de longueur, y compris les murs, il nous restera 4 m. pour la partie centrale que nous diviserons de la manière suivante : Nous pourrons établir au centre une porte d'entrée de 2 m. de largeur donnant passage dans un vestibule de même dimension. De chaque côté de ce vestibule, nous établirons un vestiaire présentant aux deux extrémités des dégagements faciles et dont la largeur sera de 1 m.

Constitution du parquet. — Les carreaux sont froids aux pieds, ils sont poreux, transmettent l'humidité et forment comme un réservoir où s'accumulent les miasmes. Le planchéïage rend les classes moins froides et plus salubres ; cependant, si le bois est mal choisi, il se contracte par la sécheresse ; de là des interstices par où passent les poussières et les miasmes qui forment sous le plancher des moisissures et déterminent de mauvaises odeurs (1).

Les bois de sapin et d'orme, qui sont habituellement employés à Lille pour cet usage, ne présentent pas cet inconvénient lorsqu'ils sont bien secs au moment de la pose.

Dans le cas actuel, les eaux du sous-sol n'ayant pas un écoulement facile, il sera nécessaire de protéger le plancher contre l'humidité qu'elles pourraient lui communiquer. Pour cela, on aura soin de recouvrir le sol d'une couche épaisse de béton ; au moyen de briques bien cuites réunies par du mortier hydraulique, on établira des petits murs transversaux de 50 à 60 c. de hauteur sur lesquels seront placées les pièces de bois destinées à supporter le plancher.

---

(1) On arrive facilement à imperméabiliser un plancher quelconque en passant sur le bois deux ou trois couches d'huile de lin bouillante. On renouvelle cette opération aussi efficace que peu coûteuse une ou deux fois par an. Le nettoyage de chaque jour consiste simplement à passer successivement sur la surface traitée par l'huile d'abord un linge mouillé, puis un linge sec. (Riant. *L'Hygiène et l'Éducation dans les internats*, p. 74.)

Des ouvertures pratiquées aux murs des façades en des points convenables, permettront à l'air extérieur de circuler librement dans cet espace et empêcheront l'humidité d'y séjourner.

Forme et dimensions des diverses ouvertures destinées à l'éclairage et à l'aération. — Nous avons établi précédemment que le jour de gauche doit être sinon unique du moins prédominant, mais il faut aussi que la lumière arrive en quantité suffisante dans toute la largeur de la classe et, pour cela, il est nécessaire que la hauteur des baies d'éclairage soit proportionnée à cette largeur. Trélat [1] fixe ainsi qu'il suit les conditions à remplir pour obtenir une lumière convenable : « Il faudra élever le *linteau* des baies d'éclairage à une hauteur minimum égale aux deux tiers de la profondeur de la classe, augmentée de l'épaisseur du mur où sont placées les fenêtres; l'*appui* des baies d'éclairage sera placé au dessus du parquet de la classe à une hauteur maximum telle que les rayons lumineux, plongeant à 45° et frisant l'arête de cet appui, atteignent les extrémités voisines des tables. »

Nos classes ayant 8 m. de largeur et le mur environ 30 c., il faudrait donc élever le linteau à une hauteur de $8,3 \times 2/3$, c'est-à-dire à environ 5 m. 50 au-dessus du parquet. L'éclairage que nous avons choisi comme le plus convenable à notre contrée étant l'éclairage bilatéral différentiel, il nous paraît suffisant de placer le linteau à une hauteur de 5 m.

Quant à l'appui des baies d'éclairage, si l'on suppose aux tables une hauteur de 70 c. et au couloir qui les sépare du mur une largeur de 80 c., les rayons lumineux plongeant à 45° ne viendront en raser le bord qu'autant que l'appui ne sera pas placé à plus de 1 m. 50 au-dessus du parquet. La hauteur du châssis des baies d'éclairage sera donc de $5^m - 1^m50 = 3^m50$. Ces baies d'éclairage ou fenêtres pourront être au nombre de 3 par classes sur chacune des faces du bâtiment. Cependant, pour chaque classe, sur la

---

[1] *Revue d'Hygiène,* 1879

façade située à l'est, la fenêtre du milieu sera remplacée par une porte vitrée surmontée d'une imposte qui s'élèvera à la même hauteur. En donnant à ces diverses ouvertures une largeur de 2 m., il restera entre chacune d'elles un mur plein de 1 m. de largeur, ce qui est suffisant pour garantir la solidité.

Ventilation. — Les fenêtres doivent servir, non-seulement à l'éclairage mais encore à la ventilation ; il est donc nécessaire qu'elles puissent s'ouvrir largement en l'absence des élèves; souvent même pendant la classe, il est utile de laisser pénétrer l'air extérieur. On se sert pour cela de vasistas ou de carreaux mobiles. La disposition suivante nous permettra de mettre en usage ces divers moyens :

Le tiers supérieur des baies d'éclairage formera une imposte dans laquelle la partie moyenne pourra s'ouvrir sous forme de vasistas à soufflet. Les deux tiers inférieurs formeront la fenêtre proprement dite, qui sera divisée en 3 parties dans le sens horizontal. De ces trois parties, celle du milieu pourra se replier entièrement sur l'une des autres de façon à laisser complètement accessible à l'air extérieur l'espace qu'elle occupe habituellement.

Nous croyons les vasistas à soufflet préférables pour l'imposte aux autres systèmes d'ouverture, en voici la raison : dans cette forme de vasistas l'air extérieur, appelé par la différence de température, vient frapper sur la vitre inclinée et se réfléchit sur le plafond pour se mélanger ensuite à l'air de la salle, au lieu de descendre directement dans les régions inférieures et de devenir ainsi pour les élèves les plus proches une cause de refroidissement.

Éclairage artificiel. — Quoique l'école dont nous nous occupons soit destinée aux classes de jour, il est nécessaire de prévoir la nécessité d'un éclairage artificiel surtout pour la saison d'hiver ; examinons donc les différents modes d'éclairage artificiel que nous pourrions adopter.

L'Huile végétale de colza très-épurée brûlée dans une bonne

Elévation de la Façade de l'École vers l'avant Cour

Échelle de 0,005ᵐ pour 1 mètre. (1/200)

lampe ne répand dans l'air que peu de vapeur et ne développe qu'une chaleur très-modérée ; au point de vue hygiénique, elle constitue le meilleur moyen de suppléer à la lumière solaire, il n'en est pas de même au point de vue économique, l'éclairage à l'huile coûte cher et d'ailleurs, dans des salles d'écoles, il est impossible qu'il ne soit pas malpropre.

Les *huiles minérales* demandent tant de soins et de précautions pour éviter les accidents, que leur usage ne peut être considéré comme pratique.

Il reste donc l'*éclairage au gaz* qui, à une propreté absolue, joint une grande économie de temps et d'argent. N'oublions pas cependant « qu'un bec de gaz qui brûle 158 litres de gaz par heure, consomme en même temps 235 litres d'oxygène et verse dans l'atmosphère de la salle plus de 128 litres d'acide carbonique (sans parler des autres produits gazeux ou du charbon divisé qui se répandent dans la pièce). En outre il élève de 0 à 100° 154 mètres cubes d'air (1). »

Cette consommation énorme d'oxygène et cette quantité considérable d'acide carbonique qui en résulte, fait que l'éclairage au gaz nécessite l'entrée permanente de l'air et l'évacuation continue des produits de la combustion. Les vasistas à soufflet dont nous avons parlé plus haut, ouverts plus ou moins suivant la nécessité, suffisent au renouvellement de l'air. Quant à l'évacuation des gaz chauds, elle s'obtiendra en disposant vers le plafond au-dessus de chaque bec des orifices de sortie.

Un bec de gaz ne pouvant éclairer convenablement qu'une surface de 10 m. carrés il nous faudra établir au moins 7 becs par classe : trois de chaque côté et un pour le pupitre du maître. « Pour protéger la tête des enfants contre l'excès de température que produit le rayonnement de ces becs, on placera le réflecteur à

---

(1) Riant. *Hygiène scolaire*, p. 87.

une hauteur de 1 m. 50 ; à cette distance la vision est parfaite et l'augmentation de chaleur nulle. » (¹)

On évitera que les faisceaux de lumière venus des différents becs ne rendent les lignes incertaines par leur entrecroisement, en disposant ces becs le long du bord gauche des tables, et en les munissant de larges réflecteurs qui renvoient toute la lumière du même côté, de façon à ce que les rayons aient la même direction que ceux qui proviennent de l'éclairage naturel.

Chauffage et Ventilation. — Pour être parfait, un système de chauffage doit être en même temps un puissant moyen de ventilation. A ce dernier point de vue *les cheminées ordinaires* sont utiles, car elles mettent en mouvement une quantité d'air d'autant plus considérable, que leur section est plus grande et le foyer plus intense. Mais, outre que leur construction nécessite de grandes dépenses, les courants d'air qu'elles déterminent ne sont pas toujours sans inconvénients, et d'ailleurs elles donnent peu de chaleur. Le combustible qui s'y brûle ne cède guère à l'appartement que quelques centièmes de la chaleur qu'il produit. Ce mode de chauffage n'est donc pas applicable à une école ordinaire.

Les *Calorifères à air chaud* utilisent mieux la chaleur, mais leur établissement coûte cher et leur entretien est dispendieux; d'ailleurs, s'ils peuvent convenir pour un chauffage continu, ils ne rendent plus les mêmes services quand il s'agit d'un chauffage intermittent comme doit l'être celui d'une classe primaire.

Les *Poëles ordinaires en tôle et en fonte* joignent à l'économie d'installation, un chauffage facile à régler et qui peut être considérable. Il est fâcheux que ces avantages réels soient compensés par beaucoup d'inconvénients. En effet, les poêles vicient l'atmosphère de la salle, en y laissant pénétrer les produits de la combustion quand le tirage est insuffisant. Portés au rouge, ils

---

(1) Vernois. *Rapport sur l'état hygiénique des lycées de l'Empire*, 1861.

surchauffent l'air qui vient se mettre en contact avec leur surface, et brûlent les matières organiques qu'il renferme ; ils dessèchent l'atmosphère et de plus exposent les enfants aux brûlures. Une enveloppe en tôle fait bien disparaître ce dernier défaut, mais laisse subsister tous les autres. D'ailleurs, si les poêles peuvent chauffer suffisamment, ils ne ventilent pas ; ils ne satisfont donc qu'à la moitié du problème. « Un bon appareil de chauffage, dit le général Morin, doit amener par lui même un renouvellement suffisant et régulier d'air, ou être combiné avec des appareils qui produisent ce renouvellement. »

Les *poêles-calorifères Geneste* adoptés par la ville de Paris pour le chauffage des écoles primaires paraissent mieux répondre à ces conditions.

« Ces calorifères chauffent moins par rayonnement qu'en versant dans la classe de l'air pur pris à l'extérieur et dont ils ont élevé la température. L'appareil de fonte où le coke est brûlé, est placé au centre et à la base du calorifère ; il est enveloppé d'abord d'une large colonne d'air en mouvement qui met à l'abri du rayonnement, puis d'un manchon de tôle à doubles parois entre lesquelles est une épaisse couche de sable ; grâce à cette disposition, ni l'air de la salle ni les miasmes ne viendraient plus se brûler sur la fonte dans le cas où elle serait portée au rouge, résultat qui ne pourrait se produire que par une mauvaise direction de l'appareil. En effet le combustible ne descend qu'à mesure du besoin, et la combustion n'a lieu d'ailleurs que dans un espace très limité et au voisinage seulement de la grille placée au bas de l'appareil. En outre, avant d'être versé dans la salle, l'air chaud passe sur un réservoir d'eau disposé à la partie supérieure du calorifère où il vient perdre sa sécheresse. » (¹)

Un calorifère ainsi construit mettant à l'abri du rayonnement, peut être placé au milieu de la classe. Dans cette position il distribue

---

(1) Riant. *Hygiène scolaire*, p. 78.

plus également l'air chaud que s'il se trouvait à l'une de ses extrémités. Cependant, il faut éviter de placer les élèves dans son voisinage trop immédiat sous peine de les faire souffrir de la chaleur.

Pour compléter l'aération, il faut non-seulement assurer l'arrivée de l'air pur du dehors, mais encore donner issue à l'air vicié des classes. On pourrait arriver à ce résultat en ménageant des ouvertures à la partie supérieure, au plafond par exemple, mais si l'on adoptait cette disposition, il serait à craindre que l'air chaud amené par le calorifère ne fût entraîné par ces ouvertures avant d'avoir chauffé la pièce. On évitera cet inconvénient en établissant les orifices d'évacuation à la partie inférieure des salles, et en les faisant communiquer par des canaux souterrains avec une cheminée, où l'on établira un courant artificiel par le moyen d'un foyer quelconque de chaleur.

A l'Hôpital Ste-Eugénie à Lille, le renouvellement de l'air des salles s'obtient par des ouvertures ménagées à la partie inférieure des murs, et communiquant par des galeries creusées dans leur épaisseur, avec une vaste cheminée où l'on entretient un feu de coke.

Pour obtenir un résultat semblable, nous établirons dans le parquet de chacune de nos classes, en avant du foyer, une ouverture de 1 mètre de longueur sur 50 cent. de largeur fermée par une grille à barreaux, que nous ferons communiquer par un canal horizontal de dimension convenable, avec une cheminée au centre de laquelle passera le tuyau de fumée du calorifère ; la chaleur transmise à l'air environnant par le tuyau de fumée, suffira pour déterminer un courant d'air qui entraînera par la grille tout l'air vicié de la salle ; cet air viendra se déverser au dehors par des ouvertures latérales pratiquées à la partie supérieure de la cheminée.

Pour que le courant continue à se produire en été, alors que les calorifères ne marchent plus, il suffira d'établir dans chaque cheminée, derrière une petite trappe située au niveau du siège du maître, un bec de gaz que celui-ci pourra tenir allumé pendant toute la durée de la classe.

Préau couvert. — Les jeux à ciel ouvert dans les lieux où l'air et la lumière pénètrent facilement, sont certainement les plus favorables à la santé, aussi doit-on en général faire passer aux élèves leur temps de récréation dans la cour, dans le préau découvert. Malheureusement cela n'est pas toujours possible; et sous le climat froid et humide du Nord en particulier, il faut prévoir les intempéries des saisons. A Lille, un préau couvert est indispensable pour une école primaire. Les dimensions de ce préau doivent être en rapport avec le nombre des élèves qui la fréquentent habituellement. Sa surface doit être au moins égale à celle de toutes les classes réunies. En Belgique on exige 3 mètres de superficie par élève.

En admettant ce dernier chiffre comme règle, il faudra donner à notre préau couvert une superficie de 600 mètres carrés ce qui paraît considérable.

L'emplacement de ce préau nous est indiqué par la nécessité reconnue précédemment de diminuer l'intensité du jour venant des ouvertures de la façade Est des classes, le jour principal leur venant de l'ouest. L'adossement du préau couvert contre l'une des façades a d'ailleurs d'autres avantages; il facilite la sortie des élèves en temps de pluie, et favorise l'entretien de la propreté.

La longueur de la façade étant de 40 mètres, en y adjoignant un préau couvert de 6 mètres de largeur s'élevant à la hauteur de l'imposte des fenêtres, nous aurons suffisamment atténué le jour qui nous vient de l'est pour que celui de l'ouest soit toujours prédominant. Nous obtiendrons ainsi une surface de 240 mètres de préau. Pour compléter les 600 mètres indiqués plus haut nous le prolongerons sur toute la longueur du côté nord en lui conservant la même largeur.

Le sol de ce préau sera recouvert de bitume ou de ciment. Ces substances présentent sur le plancher les avantages d'un nettoyage facile, et d'une durée plus considérable.

Le ciment présente cependant des inconvénients sérieux : l'humidité le rend glissant, et de plus il se crevasse facilement à la suite des fortes gelées ; aussi lui préférons-nous le bitume. Il est vrai que cette dernière substance se ramollit facilement au soleil, mais cet inconvénient n'est guère à craindre à Lille surtout dans un lieu couvert.

Préau découvert. — Quant à la cour de récréation, grâce aux matériaux de démolition et aux scories dont elle sera recouverte sur une épaisseur de 50 à 60 centimètres, si la pente est convenablement ménagée, elle ne restera jamais longtemps humide même par les pluies les plus prolongées ; et ses dimensions (40×40) permettront aux élèves de s'y livrer en toute liberté à tous les jeux de leur âge.

Cabinets d'aisance. — Les cabinets d'aisance réclament la plus grande attention ; mal conformés ou mal tenus, ils deviennent une cause puissante d'infection. Ils doivent être en nombre proportionné à celui des élèves. On admet généralement qu'il faut au moins trois urinoirs et trois cabinets d'aisance pour cent élèves ; il nous faudra donc six urinoirs et six cabinets.

Ces cabinets devront satisfaire aux conditions suivantes :

1º Ils seront placés de telle sorte que les élèves qui s'y rendent n'échappent pas à la surveillance du maître.

2º Leur disposition sera telle que les élèves ne puissent facilement les souiller.

3º Une ventilation énergique empêchera d'y séjourner toutes les émanations qui s'y produisent, et les entraînera vers le tuyau d'aération.

Position. — Nous remplirons la première condition en établissant les cabinets contre le mur du sud qui fait face au pupitre de chacun des maîtres ; nous les placerons à côté du préau couvert, afin que les élèves qui s'y rendent souffrent le moins possible de l'intempérie des saisons.

Forme. — Depuis longtemps l'hygiène réclame la suppression des cabinets à la turque, dans lesquels une simple ouverture longitudinale pratiquée dans le pavé qui recouvre le sol, livre passage aux immondices. Ces sortes de cabinets ne peuvent être que malpropres et de plus ils exposent les élèves à des accidents.

Une disposition qui paraît satisfaire beaucoup mieux aux lois de l'hygiène et de la propreté, c'est celle qu'on trouve à l'école Monge et qui consiste en un siège formé d'un cylindre en fonte ayant une forme ovalaire à grand diamètre postérieur et d'une hauteur de 0,30 cent.; ce siège est surmonté d'une couronne de bois de 4 à 5 cent. de largeur. Le peu de largeur de cette couronne qui est mobile et peut être changée facilement, empêche l'élève de monter dessus et l'oblige à s'y asseoir à cheval.

Le sol des cabinets sera surélevé de 0,10 cent. au-dessus du sol de la cour. Il sera formé de ciment ainsi que les parois des murs, pour en faciliter le lavage et en assurer l'exacte propreté.

Les portes, élevées à 0,25 c. au-dessus du pavé, seront pleines jusqu'à 1 m. et à claire-voie au-dessus, afin de favoriser la ventilation. Entre les portes et la partie antérieure du siège on laissera un espace de 0,55 c. pour la ventilation.

Les fosses mobiles n'étant pas encore en usage dans nos contrées où le déversement des liquides de vidange dans les égouts n'est pas autorisé, il sera difficile de les faire accepter. Toutes les matières seront donc déversées dans une fosse permanente.

On empêchera que cette fosse ne devienne un foyer d'infection, en y déterminant une ventilation énergique; le meilleur moyen d'y arriver, c'est de mettre le tuyau d'aération en rapport avec une cheminée dont le tirage est assuré. En effet, toutes les fois qu'il est possible d'amener ce tuyau au contact d'un fourneau de cuisine, par exemple, le tirage que ce contact détermine empêche les miasmes de la fosse de s'exhaler au dehors par une autre voie, et la ventilation des cabinets est parfaite. Dans le cas actuel, aucune cheminée en activité continue ne se trouvant dans le voisinage des lieux d'aisance, il sera nécessaire d'y suppléer artificiellement. Un bec de gaz placé à l'intérieur du tuyau d'aération, déterminera un courant suffisant pour écarter tout danger d'émanations.

Les urinoirs séparés par des plaques d'ardoise suffisamment larges, seront munis de rigoles aboutissant à un tuyau de chûte. Ils pourront être laissés à ciel ouvert.

Les urinoirs comme les cabinets devront être lavés deux fois par jour, et, au besoin, être traités par des liquides désinfectants.

§ 3. — DU MOBILIER SCOLAIRE.

Les enfants qui fréquentent habituellement les écoles, sont sujets à certaines affections que l'on a désignées pour cette raison sous le nom de maladies scolaires.

Parmi ces affections, il en est deux qui se remarquent très fréquemment partout, et qui, par conséquent, doivent tenir à des conditions inhérentes à la classe elle même. Ce sont *la myopie* et *les déviations de la colonne vertébrale.*

On constate en effet que le nombre des myopes est beaucoup plus considérable dans la classe lettrée que dans celle qui ne fréquente les écoles que d'une façon passagère. Ainsi en France où la moyenne approximative des myopes chez les campagnards n'est que de 1 %, celle des classes lettrées arrive à 20, 30 et même 40 %. — En Allemagne, d'après le docteur Cohn de Breslau, tandis que les écoles rurales ne comprennent que 5 % de myopes, on en trouve 17 % dans les écoles supérieures des villes, et 32 % dans les colléges.

Quant aux déviations de la colonne vertébrale qui n'ont pas pour cause le rachitisme, elles sont rares chez les enfants en dehors des classes. Or le docteur Guillaume de Neufchâtel en a constaté 62 cas sur 350 garçons et 156 sur 381 filles dans certaines écoles de la Suisse. D'après le docteur Eulenbourg de Berlin sur 300 cas de déviation de la colonne vertébrale 267 doivent être attribués à des causes scolaires. L'absence de statistique nous empêche d'affirmer qu'en France les cas de déformation sont aussi nom-nombreux, mais il est évident qu'il n'y a aucune raison de supposer le contraire.

Pour mettre obstacle à la production de ces infirmités, il faut d'abord en connaître les causes. Cherchons donc à les déterminer.

Myopie. — L'habitude de ne regarder que des objets peu éloignés paraît être la principale raison du développement de la myopie. Sous l'action des muscles qui ne cessent de le comprimer pour l'amener à voir ces objets, le globe de l'œil s'allonge dans le sens antéro-postérieur, et il devient dès lors impossible à cet organe de s'accommoder pour les objets éloignés.

Or plusieurs causes concourent à ce résultat, en forçant les élèves à rapprocher de leurs yeux les objets qu'ils doivent fixer, ce sont :

1° l'éclairage insuffisant ou mal distribué ;

2° la petitesse des caractères des livres d'étude ;

3° les attitudes vicieuses.

En effet, *un éclairage insuffisant et mal distribué* rendant moins nette la vision des objets, forcera l'élève à se rapprocher de ses livres ou de ses cahiers pour y voir quelque chose, et contribuera ainsi au développement de la myopie ; de même, si les livres qu'on met entre les mains des élèves ont des *caractères trop petits*, cette action se produira d'une manière d'autant plus fâcheuse que l'élève sera plus jeune et moins avancé. Pour s'en graver dans la mémoire la forme et le nom, l'enfant qui débute a certainement besoin de fixer avec plus d'attention chacune des lettres, que celui qui commence à lire et à reconnaître les mots. C'est donc avec raison que l'on donne aux enfants qui apprennent à lire des abécédaires à gros caractères. Pour l'élève plus avancé, il serait nécessaire de ne pas trop restreindre, surtout en largeur, l'étendue de ces caractères. D'après M. Maurice Perrin, un maximun de 7 lettres au centimètre courant serait désirable pour tous les livres de classe. « La longueur des lignes mérite aussi une sérieuse attention ; plus elle est grande, plus les distances à l'œil varient d'un bout d'une ligne à l'autre et, par conséquent, plus l'accommodation a de travail, plus la myopie est à redouter. M. Javal fixe cette longueur à 65 millimètres si c'est possible et à 8 centimètres au maximum. Ainsi des livres de classe contenant 7 lettres au centimètre courant de texte, et des lignes de 8 centimètres de longueur, le tout imprimé sur beau papier blanc ou légèrement teinté et avec des caractères en bon état de conservation, voilà ce qu'il est désirable d'obtenir. »[1]

Un excellent éclairage, des livres bien imprimés, ce sont certainement pour les yeux de bonnes conditions hygiéniques ; mais elles ne suffisent pas pour prévenir le développement de la myopie. Une *mauvaise attitude* peut aussi la déterminer en forçant l'élève à rapprocher trop ses yeux de ses livres ou de ses cahiers. Or, par suite de la structure vicieuse du mobilier scolaire, il arrive souvent que l'enfant est entraîné à se coucher sur son pupitre et à placer ainsi sa tête près des objets qu'il doit fixer.

On n'évitera ce danger qu'en donnant aux tables et aux bancs des dimensions en rapport avec la taille des élèves et en les plaçant l'un par rapport à l'autre à des distances telles que les attitudes vicieuses deviennent impossibles.

Déviations. — Un mobilier scolaire défectueux peut d'ailleurs

---

(1) Académie de Médecine, séance du 23 mars 1880

provoquer, outre la myopie, certaines déviations ou déformations sur lesquelles il est utile d'appeler l'attention.

Dans les anciens mobiliers, *la distance entre le banc et la table* est quelquefois de 10 à 20 centimètres, ce qui met l'élève dans la nécessité de se coucher sur son pupitre pour s'en rapprocher suffisamment. De là, tous les inconvénients que nous avons signalés précédemment : le corps courbé en avant, la tête penchée sur son travail, non seulement l'enfant regarde de trop près son livre ou ses cahiers, mais de plus l'une des épaules soutenue par la table reste plus élevée que l'autre; la colonne vertébrale, déviée de la direction normale, forme une courbe à concavité latérale; et la poitrine comprimée ne permet plus aux poumons ni au cœur d'accomplir régulièrement leurs fonctions. Ces désordres, pour peu qu'ils se prolongent pendant un certain temps, sont loin d'être indifférents au bon état de l'organisme, et amènent peu à peu des effets permanents.

Quand le *banc n'a pas de dossier*, les muscles sacro-lombaires qui soutiennent le corps étant continuellement en action, la fatigue de l'élève ne tarde pas à devenir extrême ; aussi cherche-t-il naturellement un point d'appui que seule la table peut lui offrir ; de là une nouvelle tendance à s'y accouder, et par suite à prendre des attitudes vicieuses.

Le *défaut de correspondance entre les dimensions du mobilier et la taille de l'élève* a une influence qui n'est pas moins funeste. Si le banc est trop haut, les pieds de l'élève ne peuvent atteindre le sol qu'à une condition, c'est qu'il soit assis sur le bord de ce banc; position fort incommode et qui rend le dossier inutile, l'élève ne pouvant s'y appuyer. Si la table est trop basse par rapport au banc, l'élève forcé de se courber sur son pupitre, sera exposé à tous les inconvénients qui en résultent et que nous avons signalés plus haut. Les défauts contraires ne sont pas moins fâcheux et doivent être évités avec soin.

Pour être exempte d'inconvénients, *l'attitude de l'élève assis* doit être telle que le tronc soit maintenu dans une position verticale, la colonne vertébrale n'étant contournée ni à droite ni à gauche et la tête à peine légèrement penchée en avant ; que les pieds reposent un peu sur le plancher, la jambe formant un angle droit avec la cuisse et celle-ci avec le tronc.

Les bras appliqués sur les côtés du corps ne doivent jamais lui servir de support ; on évitera donc avec soin que les coudes viennent s'appuyer sur la table. Le banc devra être assez profond pour supporter la plus grande partie de la cuisse, une surface d'appui trop restreinte amenant promptement la fatigue.

Cette attitude n'est possible qu'à une condition : c'est que le mobilier soit approprié à la taille de l'élève. Si, en même temps, le banc se trouve disposé d'une manière convenable par rapport à la table, on pourra faire en sorte que, non seulement l'élève puisse se tenir convenablement, mais même que les attitudes vicieuses lui deviennent presqu'impossibles.

Pour déterminer les dimensions du mobilier qui convient à un enfant, il faut prendre sur lui les mesures suivantes :

« Pour le siège :

» 1° La hauteur de la jambe prise du plancher au-dessous de l'articulation du genou, donne la hauteur du siège ;

» 2° Les trois cinquièmes de la longueur du fémur, donnent la profondeur du siège ;

» 3° La hauteur des reins au-dessus du siège, prise au niveau de la hanche, donne, augmentée de quelques centimètres, la hauteur de l'arête supérieure du dossier ;

» Pour la table :

» 1° La hauteur du creux de l'estomac au-dessus du plancher, l'enfant étant assis, combinée avec les hauteurs précédentes, donne la hauteur au-dessus du plancher et au-dessus du siège, de l'arête postérieure du pupitre ;

» 2° L'épaisseur du corps d'arrière en avant, augmentée de quelques centimètrest donne la distance horizontale entre le dossier et l'arête postérieure du pupitre (¹). »

C'est donc en tout cinq mesures qu'il faut prendre sur un élève pour construire une table-banc qui lui convienne.

Une autre condition nécessaire, mais indépendante de la taille de l'élève, c'est l'*inclinaison de la tablette du pupitre* par rapport au plan horizontal. Cette inclinaison doit mesurer 15 à 20°, si l'on veut que, la tête restant droite, le rayon visuel puisse rencontrer le cahier sous un angle peu différent de l'angle droit. La théorie et l'expérience s'accordent pour démontrer que, quand cet angle est trop ouvert, la vision devient pénible. Dès lors la tête s'incline vers le pupitre, et la fatigue ne tarde pas à se faire sentir dans la région cervicale.

Les enfants qui fréquentent les écoles primaires ayant en général de 7 à 13 ans, il résulte des mesures prises sur un nombre considérable d'entre eux que leur taille est comprise entre 1 m. et 1 m. 60.

M. Cardot qui a mesuré près de 4,000 élèves des écoles de Paris, a trouvé que :

21 % ont moins de 1^m 10
22 % ont de 1^m 10 à 1^m 20
44 % ont de 1^m 20 à 1^m 35
11 % ont de 1^m 35 à 1^m 50
2 % ont plus de 1^m 50.

Ce savant ingénieur dont les travaux sur cette matière font autorité, et lui ont valu une médaille d'or à l'exposition universelle de 1878, a établi d'après ces mesures le tableau suivant :

---

(1) « L'épaisseur du corps d'un enfant de 10 à 11 ans, par exemple, est entre 15 et 16 centimètres ; en ajoutant à cette mesure 3 ou 4 centimètres, on arrive à peine à 20 centimètres pour l'intervalle entre le dossier du banc et l'arête postérieure du pupitre. Or, la longueur du fémur chez le même enfant est entre 41 et 42 centimètres, et la profondeur du siège doit être au moins les 3/5es de cette longueur, c'est-à-dire 25 centimètres. D'après ces chiffres, la table couvre nécessairement 5 centimètres de la partie antérieure du banc, et il n'y a plus de place possible pour la distance. » (De Bagnaux, *Conférence sur le mobilier de classe*, p. 27. Hachette et Delagrave, 1879.)

TABLEAU N° 1. — *Mesures des parties du corps des enfants devant servir de base à la construction du mobilier scolaire, exprimées en centim.*
ÉCOLES PRIMAIRES. — ENFANTS DE 7 A 13 ANS.

CINQ CATÉGORIES D'ENFANTS D'APRÈS LA TAILLE.

TAILLES DES ENFANTS.	1re			2e			3e			4e			5e	
	1 mètre ou moins à 1m,05 inclus.	Plus de 1m,05 à 1m,10 inclus.	Plus de 1m,10 à 1m,15 inclus.	Plus de 1m,15 à 1m,20 inclus.	Plus de 1m,20 à 1m,25 inclus.	Plus de 1m,25 à 1m,30 inclus.	Plus de 1m,30 à 1m,35 inclus.	Plus de 1m,35 à 1m,40 inclus.	Plus de 1m,40 à 1m,45 inclus.	Plus de 1m,45 à 1m,50 inclus.	Plus de 1m,50 à 1m,55 inclus.	Plus de 1m,55 à 1m,60 inclus.
Hauteur du creux de l'estomac au dessus du plancher. (L'enfant assis, le tronc formant un angle droit avec les cuisses, et les cuis es un angle droit avec les jambes)	45	47	49.5	52.5	55	58	64	63.5	66	68.5	72	78
		46		51		58			66		75	
Hauteur de la jambe prise du plancher au-dessous de l'articulation du genou. (Le genou étant plié à angle droit).	27	29	30	32	33.5	35	36.5	38	40	42	45	47
		28		34		35			40		46	
Hauteur des reins au-dessus du siège. (L'enfant assis.)	15.5	16.5	17	18	19	20	21	21.5	22	22.5	23	25
		16		17.5		20			22		24	
Longueur du fémur.	34.5	35.5	37	39	40	41.5	43	44	45	47	49	52
		35		38		41.5			45.5		50.5	
Épaisseur du corps d'avant en arrière. (Prise au-dessous du creux de l'estomac.)	15	45	45	45	15	45	16	16	16	46.5	47	48
		15		45		45.3			46.2		47.5	
Épaisseur de la cuisse d'avant en arrière. (Prise à mi-hauteur entre le genou et le bassin, l'enfant debout).	8	8	9	9	40	40.5	44	41.5	42	42	42	42.5
		8		9		40.5			41.8		42.25	
Largeur du corps. (Prise au niveau du coude et comprenant les deux coudes rapprochés	30	30	30	30	34	32	33	33	42	34	34.5	35.5
		30		30		32			33.5		35	

Aux cinq catégories d'élèves ainsi établies, il fait correspondre cinq types de mobilier dont les dimensions sont indiquées ci-dessous:

TABLEAU N° 2. — *Dimensions du mobilier scolaire pour les écoles primaires* (exprimées en centimètres). — SYSTÈME CARDOT.

TYPES DE MOBILIER	CINQ TYPES DE MOBILIER d'après la taille des enfants.				
	1er	2e	3e	4e	5e
TAILLES DES ENFANTS	De 1m et moins à 1m10 inclus.	Plus de 1m10 à 1m20 inclus.	Plus de 1m20 à 1m35 inclus.	Plus de 1m35 à 1m50 inclus.	Plus de 1m50 à 1m60 ou plus.
Hauteur de l'arête postérieure de la table au-dessus du plancher.	44	49	55	62	70
Hauteur du siège au-dessus du plancher.	27	30	34	39	45
Hauteur de l'arête postérieure de la table au-dessus du siège (diff. des nombres précéd.).	17	19	21	23	25
Hauteur de l'arête supérieure du dossier au-dessus du siège. (Le dossier est formé d'une barre de bois large de 0m10, fixée sur des montants qui sont inclinés en arrière de façon à ce que la partie antérieure de la barre soit sur la verticale de l'autre partie du siège).	19	21	24	26	28
Dimension du siège d'avant en arrière : 3/5 du fémur.	21	23	25	27	30
Distance horizontale entre l'arête postérieure de la table et le dossier. (L'enfant assis et le pupitre rapproché de son corps).	18	18	19	22	26
Distance horizontale *Négative* entre l'arête postérieure de la table et l'arête antérieure du banc (diff. des 2 nombres précédents). (Même position de l'enfant).	3	5	6	5	4
Distance horizontale entre l'arête antérieure du banc et l'arête postérieure de la table. (Le pupitre étant repoussé en avant pour permettre à l'élève de se tenir debout).	9	10	11	12	13
Déplacement total du pupitre d'arrière en avant (somme des 2 nombres précédents).	12	15	17	17	17
Dimension du pupitre d'arrière en avant.	35	37	39	42	45
Inclinaison du pupitre.	45 à 48 degrés.				
Largeur de la place de l'enfant sur la table.	50	50	55	55	55
Espace pour le jeu des bras.	20	20	23	24,5	20
Espace occupé par la table et le banc d'avant en arrière. (De la partie postérieure du dossier du banc à l'arête antérieure de la table développée).	69	74	79	85	92

Toutes ces mesures, qui ont été déterminées pour les écoles de Paris, ne conviennent sans doute pas d'une manière absolue aux élèves de toutes les parties de la France. Dans notre contrée du Nord, en particulier, où les tailles sont généralement plus élevées, elles doivent subir quelques corrections. Malgré ces petites différences, peu importantes d'ailleurs, nous pourrons tirer des tableaux qui précèdent de précieuses indications pour le choix de notre mobilier scolaire.

Les cinq grandeurs indiquées par M. Cardot sont adoptées aujourd'hui par presque tous les constructeurs. La plupart de ces tables-bancs sont à deux places, ce qui rend la surveillance plus facile, et permet aux élèves de sortir sans se gêner les uns les autres.

Parmi les nombreux modèles qui ont été exécutés, nous nous contenterons de signaler ceux de O. André de Neuilly et ceux que fait construire M. Cardot lui-même par la maison Lecœur.

La table-banc de O. André est à deux places, et présente cinq grandeurs différentes établies d'après les chiffres cités plus haut. Cette table tout en fer et en bois est solide, quoique légère, et se répare facilement.

Dans le modèle Cardot ordinaire, le banc pénétrant sous la table, l'élève, pour se lever, est obligé de sortir de sa place. On peut faire disparaître cet inconvénient en rendant mobile le plateau du pupitre, au moyen d'un axe horizontal fixé au montant de la table, et supportant deux bras de levier qui viennent s'assembler au bord antérieur de ce plateau. L'élève peut dès lors se lever facilement : il lui suffit de repousser la tablette du pupitre. M. Cardot attache une très grande importance à cette modification :

« Quand, dit-il, l'intervalle entre la poitrine et le bord de la table dépasse quelques centimètres, l'élève étant obligé de quitter complètement le dossier pour se rapprocher du bord de la table, n'a pas ce soutien si nécessaire à la partie lombaire, ou bien il est obligé de se pencher en avant, ce qui est condamné par tous les hygiénistes. D'un autre côté, si pour obvier à cet inconvénient,

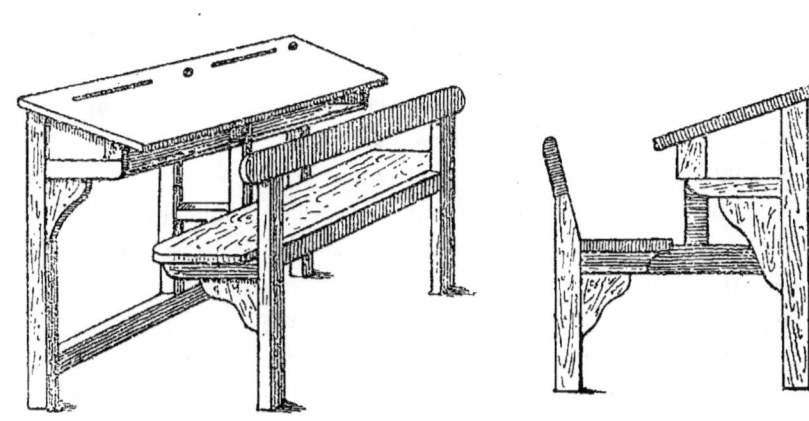

Perspective (Tablette fixe) Coupe.
Table-banc à 2 places —— Modèle CARDOT.

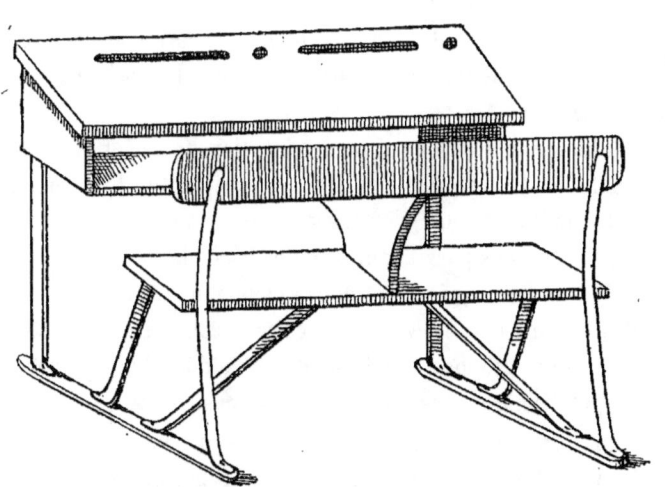

Table-banc à 2 places —— Modèle O. ANDRÉ.

on donne la distance nulle ou négative au pupitre fixe par rapport au banc, comment faire entrer ou sortir l'élève de sa place, comment le faire tenir debout entre la table et le banc soit pour la récitation, soit pour un examen, soit quand un des membres de l'autorité supérieure vient visiter l'école ?

» Bien des essais ont été faits pour remédier à tous ces inconvénients ; on a essayé le siège isolé, fixe ou mobile ; après bien des tentatives, on s'est enfin arrêté au siège et au dossier continus ayant à peu près la même largeur que la tablette.

» On a également essayé des tablettes brisées se relevant ou se rabattant ; autant de moyens impraticables. Il ne restait plus que de trouver un système de déplacement de la tablette d'avant en arrière laissant libres les distances reconnues indispensables.

» L'emploi du tiroir ou de la coulisse était impossible à cause du frottement, des effets de température et autres inconvénients qui viennent entraver leurs mouvements. » [1]

Après bien des tâtonnements, M. Cardot s'est enfin arrêté au système indiqué plus haut, et qui présente des avantages tels, que la commission officielle des bâtiments scolaires considère cette table comme la meilleure de toutes celles qui lui ont été présentées jusqu'à ce jour.

La table-banc Cardot est munie, au lieu de casier, d'un simple pourtour de 10 centim. de haut ; ce qui facilite l'inspection, et permet à la vue de plonger sous la table jusqu'au milieu du banc.

Ce modèle nous parait réunir toutes les conditions désirables au point de vue de l'hygiène, et nous recommandons instamment son adoption. Dans le cas où des difficultés pécuniaires y mettraient obstacle, nous croyons que le modèle fixe du même auteur serait encore préférable à tous les autres systèmes.

On prendra sur chacun des élèves les mesures indiquées par M. Cardot, afin de savoir celui des cinq types de mobilier qui lui convient le mieux.

---

(1) Lettre de M. Cardot à l'auteur.

LILLE. — IMPRIMERIE L. DANEL.